NOTICE
DES LIVRES
COMPOSANT LA BIBLIOTHÈQUE
DE LA MALMAISON,
PROVENANT DE LA SUCCESSION DE S. A. R. LE PRINCE EUGÈNE, ET QUI AVAIT APPARTENU
A NAPOLÉON
ET A L'IMPÉRATRICE JOSÉPHINE,

DONT LA VENTE SE FERA
AU CHATEAU DE LA MALMAISON,

Les Dimanche 28 et Lundi 29 Juin 1829;
Les Dimanche 5 Juillet et Lundi 6;
Les Dimanche 12 Juillet et Lundi 13;
A 11 heures du matin.

(La Vente se fera expressément au *COMPTANT*, et il sera payé 10 cent. par franc en sus du prix de l'adjudication.)

CETTE NOTICE SE DISTRIBUE GRATIS:

A PARIS,

CHEZ
- Me. CASIMIR NOEL, NOTAIRE, judiciairement commis à cet effet, rue de la Paix, no. 13;
- Me. REGNARD, COMMISSAIRE-PRISEUR, rue Chanoinesse, no. 11;
- P. MONGIE AÎNÉ, LIBRAIRE, boulevard des Italiens, no. 10;
- Au CHATEAU DE LA MALMAISON, chez M. QUINQUET, ADMINISTRATEUR DU DOMAINE.

1829.

AU PUBLIC.

Les Curieux et les Amateurs s'empresseront sans doute de se rendre à cette Vente remarquable; les Ouvrages y sont tous d'un bon choix, et d'une très-belle condition. Cette Bibliothèque fut faite pour l'usage particulier de NAPOLÉON, lorsqu'il n'était encore que premier Consul. C'est dans ce local qu'il dictait ses ordres; c'est celui qu'il préférait lorsqu'il était à la Malmaison; ainsi chacun des articles qui composent cette Bibliothèque, peuve servir de souvenir, et rappeler la gloire et la chute du Grand Homme; comme aussi la bonté et les vertus de l'impératrice Joséphine.

On a cru qu'il suffisait de faire une simple Notice, qui ne contiendrait que les Principaux Ouvrages; les Amateurs sont donc invités à venir visiter les Livres sur place, afin d'en prendre connaissance, et à se rendre exactement aux Vacations à l'heure de la Vente.

Le Libraire qui fait la Vente se chargera des Commissions qui lui seront adressées. Il prie d'indiquer les Articles avec précision, et de fixer, à peu près, le Prix que l'on voudra mettre à chaque Objet qu'on lui notera.

IMPRIMERIE DE FAIN,
RUE RACINE, No. 4, PLACE DE L'ODÉON.

NOTICE
DES LIVRES
DE LA BIBLIOTHÈQUE
DE LA MALMAISON.

Le Dimanche 28 Juin, première Vacation, nos. 1 à 70.

(*N. B.* Une grande quantité d'Ouvrages qui ne sont pas portés sur cette Notice, quoique faisant partie de la Bibliothèque, seront vendus au commencement de chaque Vacation.)

1. Comédies de Plaute, nouvelle traduction, avec les notes de Gueudeville. *Leyde*, 1719. 10 vol. in-12. fig. fil.
2. Seconde guerre punique, poëme de Silius Italicus, traduit par Lefebvre de Villebrune. *Paris*, 1781. 3 vol. in-12. rel. veau jaspé, filets.
3. Nuits attiques d'Aulu-Gelle, traduites par l'abbé de V. *Paris*, 1777. 3 vol. in-12. veau filets.
4. Tragédies d'Euripide, trad. du grec par Prévost. *Paris*, 1797. 4 vol. in-12. veau filet.
5. Lettres de Cicéron à Atticus, avec les remarques et le texte latin de l'édition de Græuius, trad. par Montgault. *Paris*, 1787. 4 vol. in-12. veau écaille.
6. La Thébaïde de Stace, trad. de l'abbé Carmiliole. *Paris*, 1783. 3 vol. in-12. veau filets.
7. Epigrammes de Martial, en latin et en français, avec de petites notes, *Paris*, 1655. 2 vol. in-8. veau filets.
8. Comédies de Térence, trad. nouv. avec le texte latin et des notes, par Lemonnier. *Paris*, 1771. 3 vol. in-8. veau marbré.

9. Lettres de Cicéron, traduites en français par Prévost, et publiées par Goujon. *Paris*, 1801. 6 vol. in-8.

10. Constitution des Romains, sous les rois et au temps de la république, par Auger. *Paris*, 1792, 10 vol. in-8. veau filets.

11. Traduction de Catulle, Tibulle et Gallus. 2 vol grand in-8. rel. veau filets.

12. Œuvres de Virgile, traduites en français, le texte vis-à-vis la traduction, avec des remarques, par l'abbé des Fontaines. *Paris*, 1796. 4 vol. in-8. fig. veau, filets.

13. Les Métamophoses, ou l'Ane d'Or d'Apulée, nouvelle traduction. *Châtillon-sur-Seine*, l'an V de la rép. 2 vol. in-8. veau filets.

14. Lucrèce, de la Nature des choses, trad. par La Grange. *Paris*, l'an III de la rép. 2 vol. in-8. fig. veau fil.

15. Traduction des Métamorphoses d'Ovide, avec des commentaires, par de Saint-Ange. *Paris*, Crapelet, 1800. 2 vol. in-8. fig. rel. veau filets.

16. Théâtre de Sophocle, trad. en entier, par de Rochefort. *Paris*, 1787. 2 vol. in-8. veau filets.

17. Théâtre d'Eschyle, traduction de Delaporte-Dutheil. *Paris*, an III de la rép. 2 vol. in-8. veau filets.

18. Pétrone, latin-français, traduction entière. *Paris*, an VII de la rép. 2 vol. in-8. veau filets.

19. Œuvres complètes de Claudien, trad. en français, avec des notes mythologiques, historiques, et le texte latin. *Paris*, an VI de la rép. 2 vol. in-8. veau filets.

20. Guerre de Troie, depuis la mort d'Hector jusqu'à la ruine de cette ville, poëme, par Quintus de Smyrne, trad. du grec par Tourlet. 2 vol. in-8. veau filets.

21. Pharsale de Lucain, trad. en vers français, par Brébeuf, avec des réflexions critiques, par Billecocq. *Paris*, 1792, 2 vol in-8. fig. basane filets.

22. L'Iliade et l'Odysée d'Homère, traduction nouvelle par Bitaubé. *Paris*, 1780. 6 vol. in-8. veau racine, dor. sur tranche.

23. Théâtre d'Aristophane, trad. en français par Poinsinet de Sivry. *Paris*, Didot j^e^., 1784. 4 vol. in-8. v. fil.

24. Istoria delle Piante medicale, di Paolo Sangiorgio. *Milano*, 1809. 5 vol. in-8. mar. vert, dor. sur tr.

25. Théâtre des Grecs, par le P. Brumoy, avec les remarques de Rochefort et Duthcil. *Paris*, 1785. 13 vol. in-8. fig. veau écaille filets.

26. Idylles et autres Poésies de Théocrite, traduction de Gail. *Paris*, Didot, 1792. 1 vol. in-8. v. dor. sur tr.

27. Le Banquet des savans, par Athénée, trad. par Lefebvre de Villebrune. *Paris*, Didot, 1789. 5 vol. in-4. veau, racine filets.

28. Œuvres de Lucien, trad. du grec, avec des notes historiques et critiques. *Paris*, Bastien, 1788. 6 vol. in-8. portraits. veau racine, filets.

29. Œuvres de Gresset. *Paris*, 1793, 2 vol. in-8. fig. veau racine, filets.

30. Contes et nouvelles en vers, par J. de La Fontaine. 1777. 2 vol. in-8. fig. veau, racine, filets.

31. Œuvres de J.-B. Rousseau. *Paris*, an IV de la rép. 5 vol. in-8. portrait. rel. veau racine, filets.

32 Œuvres de Chaulieu. *Paris*, 1774, in-8. portrait. basane racine.

33. Les quatre Poétiques, d'Aristote, d'Horace, de Vida et de Despréaux, avec les traductions et des remarques, par Batteux. *Paris*, 1771. 2 vol. in-8. fig. v. racine, fil.

34. Œuvres de Gesner. *Paris*, Dufart. 2 vol. in-8. rel. veau, filets.

35. Jérusalem délivrée, trad. de Lebrun. *Paris*, an III de la rép. 2 vol. in-8. fig. rel. veau racine, filets.

36. Les Saisons, poëme de St.-Lambert. *Amst.* 1773. 1 vol. in-8. fig. rel. veau filets.

37. Les Mois, poëme de Roucher, en douze chants. *Paris*, 1779, 4 vol. in-12. veau filets.

38. L'Iliade d'Homère, trad. de Lebrun. *Lyon*, 1785. 2 vol. in-12. basane racine.

39. La Lusiade du Camoens, poëme héroïque sur la découverte des Indes orientales, trad. du portugais, par Duperron et Castera. *Paris*, 1768. 3 vol. in-12. v. fil.

40. Odes d'Anacréon, traduction nouvelle en vers. *Paris*, 1795. 1 vol. in-12. pap. vélin. veau rac. filets.

41 Le Mérite des femmes, par Legouvé. *Paris*, 1800. in-12. fig. pap. vélin. veau écaille, filets.

42. Les Jardins, ou l'art d'embellir les paysages, par Delille. *Paris*, 1782. 1 vol. in-12. veau filets.

43. Aventures de Télémaque, par Fénélon. *Paris*, Didot j^e., 1790. 2 vol. grand in-8. pap. vélin. veau rac. filets

44. Les Satiriques du 18e siècle. *Paris*, Colnet, an VIII de la rép. 6 vol. in-8. veau rac. filets.

45. Ossian, fils de Fingal, barde au 3e. siècle, poëme gallique; trad. de l'anglais de Macpherson, par Letourneur. *Paris*, 1777. 2 vol. in-8. veau écaille filets, dorés sur tranche.

46. Théâtre de P. Corneille, avec les commentaires de Voltaire. *Paris*, 1764. 12 vol. in-8. fig. veau fauve filets.

47. Les Géorgiques de Virgile, trad. par Delille. *Paris*, Didot j^e., an III de la rép. 1 vol. in-8. pap. vélin. v. fil.

48. L'Ezour-Veidam, ou ancien commentaire du Veidam, contenant l'exposition des opinions religieuses des Indiens, trad. du Samscrit, par un Brame. *Yverdun*, 1778. papier d'Hollande. 2 vol. in-12. veau filets.

49. Œuvres de Palissot, nouv. éd. *Paris*, Didot jeune 1788. 4 vol. in-8. fig. veau filets.

50. Œuvres de Pope, traduites en français. *Paris*, 1796. 8 vol. in-8. fig. veau rac. filets.

51. Œuvres complètes de Thomas, nouvelle édition. *Paris*, 1773. 4 vol. in-8. veau rac. filets.

52. Œuvres morales et galantes de Duclos, suivies de son Voyage en Italie. *Paris*, an V de la rép. 4 vol. in-8. veau rac. filets.

53. Théâtre de Fagan, et autres œuvres du même auteur. *Paris*, 1760. 4 vol. in-12. veau filets.

54. Théâtre de campagne, de Carmontel. *Paris*, 1775. 4 vol. in-8. veau filets.

55. Théâtre de Fabre d'Eglantine, (Recueil de pièces, etc.) *Paris*, 1791. 1 vol. in-8. veau filets.

56. Théâtre d'Arnault. *Paris*, an III de la rép. et suiv. 1 vol. in-8. veau dor. sur tranche.
57. Théâtre de Legouvé. *Paris*, an IV de la rép. et suiv. 1 vol. in-8. veau filets.
58. Théâtre de Colin d'Harleville. *Paris*, 1790 et suiv. 1 vol. in-8. veau filets.
59. Théâtre italien de Gherardi. *Paris*, 1741. 6 vol. in-12. fig. veau rac. filets.
60. Œuvres de Fontenelle. *Paris*, Bastien, 1790. 8 vol. in-8. portrait, veau rac. filets.
61. Roland furieux, de l'Arioste, trad. par Dussieux. *Paris*, 1776. 4 vol. grand in-8. fig. de Cochin, avant la lettre. rel. veau écaille, filets, dor. sur tranche.
62. Œuvres de Marmontel, 17 vol. in-12. veau rac. filets.
63. Œuvres complètes de Mably. *Paris*, 1794. 15 vol. in-8. veau rac. filets.
64. Œuvres de Chamfort. *Paris*, l'an III de la rép. 4 vol. in-8. veau filets.
65. Œuvres de Laharpe. *Paris*, 1778. 6 vol. in-8. v. fil.
65 *bis*. Le Chou-King, un des livres sacrés des Chinois, qui renferme les fondements de leur histoire, les principes de leur gouvernement, et leur morale; recueilli par Confucius, traduit par le P. Gaubil, revu par de Guignes. *Paris*, 1770. 1 vol. in-4. fig. veau filets.
66. Œuvres complètes d'Alexis Piron, publiées par Rigolet de Juigny. *Paris*, 1776. 7 vol. in-8. portrait, veau filets.
67. Œuvres de Molière, avec les commentaires de Bret. *Paris*, 1788. 6 vol. in-8. fig. veau rac. dor. sur tranche.
68. Œuvres de J. Racine, avec les commentaires de Luneau de Boisjermain. *Paris*, 1796. 7 vol. in-8. fig. pap. vélin. veau rac. filets.
69. Œuvres complètes de Crébillon. *Paris*, 1785, 3 vol. in-8. veau écaille filets, dor. sur tranche.
70. Encyclopédie, ou Dictionnaire raisonné des sciences et des arts, mis en ordre et publié par Diderot. *Paris*, 1751 et suiv. 35 vol. in-fol. rel. veau.

Le Lundi 29 *Juin*, *seconde Vacation*, n°s. 71 à 144.

71. Le Koran, traduit de l'arabe, précédé de la Vie de Mahomet, par Savary. A la Mecque, an de l'Hégyre, 1165. 2 vol. in-8. veau rac. filets.

72. Commentaires sur les lois anglaises de Blackstone, trad. en français. *Bruxelles*, 1774. 6 vol. in-8. veau écaille.

73. Œuvres complètes de Machiavel, traduites par Guiraudet. *Paris*, an VII de la rép. 9 vol. in-8. veau rac. filets.

74. Recherches sur les principes de l'économie politique, par Stewart. trad. de l'anglais. *Paris*, Didot aîné, 1789. 5 vol. in-8. veau rac. filets.

75. Œuvres philosophiques et politiques de Hobbes. *Neufchâtel*, 1787. 2 vol. in-8. br.

75 *bis*. Politique d'Aristote, trad. du grec, par Champagne. *Paris*, 1797. 2 vol. in-8. veau marbré.

76. Recherches sur la richesse des Nations, trad. de l'anglais de Smith, par Roucher. *Paris*, an III; 5 vol. in-8. veau marbré

77. Administration des finances de France, par Necker. *Paris*. 1785. 4 vol. grand in-8. veau filets.

78. Recherches sur les Finances de France, de 1595 à 1721. *Liège*, 1758. 6 vol. in-12. veau marbré.

79. Hist. universelle du sieur d'Aubigné, comprise en 3 tomes. *Amst.* 1026. 3 vol. in-folio. veau racine filets.

80. Œuvres de Diderot, publiées par Naigeon. *Paris*, 1798, 15 vol. in-8. portrait. veau rac. filets.

81. Histoire du Concile de Trente, par Fra Paolo Sarpi. trad. par Lecourayer. *Paris*, 1736. 2 vol. in-folio, veau racine filets.

82. Historia del regno di Napoli dal signor Angelo di Cortanza. *Nell' Aquila*, 1581. 1 vol. in-fol. veau écaille, dor. sur tranche.

83. Appian Alexandrin, historien grec, des Guerres des Romains, livre XI, trad. en français, par Seyssel; plus

deux livres, trad. aussi du grec, par des Avenelles. *Paris*, 1569. 1 vol. in-fol. veau, filets.

84. Historiæ augustæ, scriptores VI, Ælius Spartianus, Julius Capitolinus, etc. — Emendationes Isaaci Casauboni. *Parisiis*, 1620. 1 vol. in-fol. veau brun filets.

85. Vita di Cosimo di Medici, primo gran duce de Toscana, descritta da Aldo Manucci *In Bologna*, 1586, 1 vol. in-fol. veau.

86. Discours sur la religion des anciens Romains, par Guil. du Choul. *Lyon*, 1556. 1 vol. in-fol. rempli de médailles gravées, rel. veau, filets.

87. OEuvres d'Etienne Pasquier, contenant ses recherches sur la France, ses plaidoyers pour les jésuites, le duc de Lorraine, etc. *Amsterdam*, 1723. 2 vol in-fol. v. b.

88. Storia Fiorentina, di messer Benedotto Varchi. *In Colonia*. 1721. 1 vol. in-fol. maroq. bleu, doré sur tr.

89. Histoire de l'empire de Constantinople sous les empereurs français, par Geoffroy de Ville-Hardouin, Dufresne et autres écrivains du temps. *Paris*, imprimerie royale, 1657. 2 vol. en 1, in-fol. veau brun.

90. Bibliothèque historique de la France, contenant le catalogue des ouvrages imprimés et manuscrits, qui traitent de l'histoire de ce royaume, ou qui y ont rapport, par J. Lelong; édition revue et augmentée par Févret de Fontanelle. *Paris*, 1768. 5 vol. in-fol. grand pap. veau, doré sur tranche.

91. Histoire de la République romaine, dans le cours du VIIe. siècle de cette république, par Salluste, trad. par de Brosses. *Dijon*, 1777. 3 vol. grand in-4. figures, v. rac.

92. Commentaires de César, avec des notes historiques, critiques et militaires, par Turpin de Crissé. *Montargis*, 1785, 3 vol. grand in-4. figures. b. r. filets.

93. Antiquités romaines de Denys d'Halicarnasse, traduites en français, avec des notes, par M..... *Paris*, 1723, 2 vol. in-fol. figures et cartes, veau, filets.

94. Chronologie de l'histoire sainte et des histoires étrangères qui la concernent, etc. par des Vognoles. *Berlin*, 1738. 2 vol. in-4. fig. veau fauve.

95. Histoire d'Hérodote, trad. du grec, par Larcher. *Paris*, 1786. 7 vol. in-8. veau marbré, filets.

96. Histoire de Thucydide, trad. du grec par Lévesque *Paris*, 1795. 4 vol. in-8. veau, filets.

97. Quinte-Curce, de la vie d'Alexandre, traduit par Mignot. *Paris*, Didot jeune. 2 vol. in-8. veau, filets.

98. Pausanias, ou Voyage historique de la Grèce, traduit par Gedoyn. *Paris*, Bastien, an II de la république. 4 vol in-8. veau, filets, dor. sur tranche.

99. Histoire universelle de Diodore de Sicile, traduite par l'abbé Terrasson. *Paris*, 1758, 7 vol. in-12, veau, filets.

100. Annali d'Italia dal principio dell' ero volgare sino all' anno 1750. Compilati da Lodovico Antonio Muratori. *Lucco*, 1752. 12 vol. in-4. Portraits, veau écaille filets.

101. Histoire romaine de Tite-Live, traduite par Guérin. *Paris*, 1741, 10 vol. in-12, veau, filets.

102. Tablettes chronologiques de l'histoire universelle, sacrée et profane, par Lenglet-Dufresnoy. *Paris*, 1778. 2 vol. gr. in-8. bas.

103. Etat civil, politique et commerçant du Bengale, trad. de l'anglais de Balts, par de Meunier. *La Haye*, 1775. 2 vol. in-8. figures, maroquin rouge.

104. De l'origine des lois, des arts et des sciences, et de leurs progrès chez les anciens peuples. *Paris*, 1758, 3 vol. in-4. veau brun.

105. Dictionnaire des antiquités grecques et romaines, etc. traduit de Pitiscus, par Barral. *Paris*, 1797. 2 vol. in 8. veau, filets.

106. Histoire de l'ancienne Grèce, de ses colonies et de ses conquêtes, trad. de l'anglais de Gillies, par Carra. *Paris*, 1787, 6 vol. in-8. b. m. filets.

107. OEuvres philosophiques de Pauw. *Paris*. Bastien, an III de la république. 7 vol. in-8. veau filets.

108. Les Césars de l'empereur Julien, trad. du grec, par le baron de Spanheim, orné de 300 médailles, gravées par B. Picard le Romain. *Amst.*, 1728, 1 vol. in-4. v. fauve filets.

109. Les Vies des hommes illustres de Plutarque, trad. Dacier. *Amst.*, 1735, 10 vol. in-12. mar. r., doré sur tranche.

110. Histoire ancienne des Egyptiens, des Carthaginois, des Assyriens, des Babyloniens, des Mèdes, des Perses, etc., par Rollin. *Paris*, veuve Etienne, 1748. 14 vol. in-12. v. marbré.

111. Histoire générale des conjurations, conspirations et révolutions célèbres, par Duport du Tertre. *Paris*, 1762, 10 vol. in-12. veau.

112. Histoire moderne des Chinois, des Japonois, des Indiens, des Persans, des Turcs, des Russiens, etc. *Paris*, 1755, 30 vol. in-12. v. marbré.

113. Les Beautés de la Perse; *Paris*, 1673, 1 vol. in-4. fig. v. filets.

114. Voyage du jeune Anacharsis en Grèce, par Barthélemy, 4ᵉ. édition. *Paris*, Didot, an VII de la rép. 7 vol. in-8 et atlas in-4, v. r. filets.

115. Histoire romaine, de Rollin. *Paris*, veuve Etienne, 1738, 16 vol. in-12., v. filets.

116. Histoire des révolutions romaines, par Vertot. *Paris*, an IV de la rép. 3 vol. in-8. v. filets.

117. Histoire des progrès et de la chute de l'empire romain, par Ferguson. *Paris*, 1791, 7 vol. in-8. v. filets.

117 *bis*. Histoire des grands chemins de l'empire romain. par Bergier. *Bruxelles*, 1728, 2 vol. in-4. fig. v. fauve.

118. Histoire de la décadence et de la chute de l'empire romain, trad. de l'anglais de Gibbon, par de Septchênes. *Paris*, 1795, 18 vol. in-8. v. filets.

119. Histoire de Constantinople, depuis le règne de l'ancien Justin, jusqu'à la fin de l'empire, trad. du grec par Cousin. *Paris*, 1772, 8 vol. in-4. v. filets.

120. Histoire du Bas-Empire, par Lebeau. 24 vol. in-12. reliés veau.

121. Nouvel abrégé chronologique de l'histoire des empereurs. *Paris*, 1767, 2 vol. in-8. v. filets.

122. Premier volume des antiquités de la Gaule Belgique, royaume de France, Austrasie et Lorraine, etc., etc.,

depuis Jules-César jusqu'à présent. *Paris*, 1549, 1 vol. in-folio. v. fauve, doré sur tranche.

123. Les très-élégantes et copieuses annales des très-pieux, très-nobles, très-chrétiens et excellens modérateurs des belliqueuses Gaules, depuis la triste désolation de la très-fameuse cité de Troyes, jusqu'au règne du très-vertueux roi François, à présent régnant, etc., etc., par Nicole Gille. *Paris*, 1536, 1 vol. in-fol. gothique, bien conservé. relié veau jaspé, filets.

124. La France métallique, contenant les actions célèbres des rois et reines de France, par de Bie. *Paris*, 1636, 1 vol. in-fol. v. filets.

125. La mère des chroniques, le miroir historical de France, de Robert Goguin. *Paris*, 1536, 1 vol. pet. in-fol. gothique, v. brun.

126. Histoire de Charles VI, roi de France, par Godefroy. *Paris*, imp. royale, 1653, 1 vol. in-fol. v. filets.

127. Chronique d'Enguerrand de Monstrelet. *Paris*, 1596, 3 vol. in-fol. reliés en 1 vol. v. fauve filets.

128. L'histoire et chronique de Jehan Froissart, revue par D. Sauvage, *Lyon*, 1559, 4 vol. in-fol. reliés en 1 vol. v. fauve, filets.

129. Histoire du cardinal de Richelieu, par Aubery. *Paris*, 1660, 1 vol. in-fol. portrait, rel. v. brun, filets.

130. Mémoires du duc de Nevers, par Gomberville. 2 vol. in-fol. v. filets.

131. Nouveau dictionnaire historique, par une société de gens de lettres. 7e. édition. *Caen*, 1789, 9 vol. in-8. v. filets.

132. Histoire générale de l'Asie, l'Afrique et l'Amérique. *Paris*, 1770, 5 vol. in-4. v. marbré.

133. Histoire naturelle, générale et particulière, par Buffon. *Paris*, imp. royale, 1769 et suiv. 58 v. in-12. veau jaspé, filets, bonnes figures.

134. Histoire naturelle de Buffon, réduite à ce qu'elle contient de plus intéressant. Par P. Bernard. *Paris*, an VIII de la république. 10 vol. in-8. fig. veau filets.

135. Histoire des Papes, depuis Saint-Pierre jusqu'à Be-

noît XIV. *La Haye*, 1732. 5 vol. in-4. fig. veau écaille.

136. Histoire civile du royaume de Naples, trad. de l'italien. *La Haye*, 1742. 4 vol. in-4. fig. rel. v. f. filets, dor. sur tranche.

137. Histoire des guerres d'Italie, trad. par Guichardin. *Londres*, 1738. 3 vol. in-4. veau f. filets.

138. Histoire générale d'Espagne, par le P. J. de Morina, trad. par Charenton. *Paris*, 1725. 6 vol. in-4. veau marbré.

139. Histoire de Charles-Quint, par Robertson. *Paris*, 1771. 6 vol. in-12, veau filets.

140. Histoire des révolutions d'Espagne, par le P. d'Orléans. *Paris*, 1734. 3 vol. in-4. veau marbré.

141. Histoire générale d'Espagne, trad. de l'espagnol de J. de Ferreras, par d'Hermilly. *Paris*, 1742. 10 vol. in 4. fig. et cartes. veau marbré.

142. Histoire de la ville de Paris, par Félibien, revue et augmentée par Lobineau. *Paris*, 1725. 5 vol. in-folio. grand papier, fig. veau marbré.

143. Mémoires de Michel de Castelnau, contenant l'histoire des règnes de François II, Charles IX, Henri III, et la régence de Catherine de Médicis, par Lelaboureur. *Bruxelles*, 1731, 3 vol. in-folio. fig. veau filets.

144. OEuvres complètes de J.-J. Rousseau, nouvelle édition, classée par ordre de matières, et ornée de 90 figures, par Marillier. *Paris*, 1788 et suiv. papier vélin, reliés en maroquin rouge, dorés sur tranche.

Le Dimanche 5 Juillet, troisième Vacation, nos. 145 à 216.

145. Le grand atlas de Milfort (l'art de la cavalerie), in-folio, demi-reliure.

146. L'atlas des neuf départemens des Pays-Bas, réunis à la France, *manuscrit*. 1 vol. in-folio oblong, demi-rel.

147. Monumens de la monarchie française, qui comprennent l'histoire de France, avec les figures de chaque règne que l'injure des temps a épargnées, par B. de Mont-

faucon. *Paris*, 1729. 5 vol. in-folio. rel. veau marbré filets, dorés sur tranche.

148. Epochæ celebriores, astronomis, historicis, chronologis, etc. ex editione Ulug Beigi, et commentariis illustravit Johannes Græviūs. *Londini*, 1650, 1 vol. in-4. veau f. filets.

149. Les Vies des hommes illustres de Plutarque, trad. par Dacier, publiées par de la Roche. *Paris*, 1811. 15 vol. in-12. pap. vélin br.

150. Voyages au Levant, dans l'Asie mineure, les îles de Chio, Rhodes, Chypre, en Égypte, Syrie et la Terre-Sainte, par Corneille Le Brun. *Paris*, 1714. 1 vol. in-fol. avec 200 fig. en taille-douce, v. brun.

151. Histoire littéraire d'Italie, tomes 1 à 5. *Paris*, 1811. brochés.

152. Littérature du midi de l'Europe, par Sismondi. *Paris*, 1813. 4 vol. in-8. br.

153. Histoire d'Angleterre, depuis la première descente de César, jusqu'à ce jour, par Robert Henry, trad. par Boulard. *Paris*, 1789. 5 vol. in-4. fig. veau filets.

154. Histoire d'Angleterre, depuis l'invasion de Jules-César jusqu'à l'évasion de Jacques II, trad. de l'anglais, de Hume. *Verdun*, 1781. 19 vol. in-12. veau filets.

155. Abrégé chronologique de l'histoire d'Angletere. *Amst.* 1730. 7 vol. in-12, veau fauve.

156. Histoire d'Élisabeth, reine d'Angleterre, par Mlle. de Kéralio. Paris, 1788. 5 vol. in-8. veau marbré.

157. Histoire d'Écosse, sous le règne de la reine Marie et du roi Jacques VI, par Robertson. *Paris*, 1785, 3 vol. in-12, veau filets.

158. Histoire des guerres civiles et de la rébellion d'Angleterre, depuis 1641 jusqu'à Charles II, par Edward Clarendon. *La Haye*, 1704, 6 vol. in-12. veau filets.

159. Histoire d'Irlande, depuis l'invasion de Henri II, par Th. Lelaud. *Maestricht*, 1779, 7 vol in-12. veau filets.

160. Traduction du Plutarque anglais. *Paris*, 1785, 12 vol. in-8°, reliés en 6 vol. veau filets.

161. Histoire de l'Empire, son origine, ses progrès, et ses

révolutions, par Heiss. *Paris*, 1731, 3 vol. in-4. v. fil.

162. Histoire générale d'Allemagne, par Montigny. *Paris*, 1779, 6 vol. in-12. veau brun.

163. Histoire militaire des Suisses au service de France, par le baron de Zur-Lauben. *Paris*, 1753, 8 vol in-12. veau brun.

164. Etats, et délices de la Suisse. *Basle*, 1776, 4 vol. in-12. fig., veau brun.

165. Histoire du Danemarck, par Mallet. *Genève*, 1778, 9 vol. in-12. basane.

166. Histoire militaire de Charles XII, roi de Suède, par Adlerfeld. *Amst.* 1740, 4 vol in-12.

167. Histoire générale de Pologne, par Solignac. *Amst.* 1751, 5 vol. in-12.

168. Histoire de Charles XII, roi de Suède, par Norberg. *La Haye*, 1748, 4 vol. in-4. veau f. filets.

169. Histoire de la Laponie et des mœurs des habitans, etc., par Scheffer. *Paris*, 1678, 1 vol. in-4. fig., veau filets.

170. Histoire générale des Provinces-Unies, par D... et S.. *Paris*, 1770, 8 vol. in-4. fig., veau écaille, filets.

171. Histoire générale des Pays-Bas. *Bruxelles*, 1720, 4 vol. in-8. fig., veau filets.

172. L'état militaire de l'empire Ottoman, ses progrès et sa décadence, par le comte Marigli. *La Haye*, 1732, 2 parties en 1 vol. in-f. fig., basane.

173. Histoire générale de la maison de Savoie, par Guicheron. *Lyon*, 1660, 2 vol. in-f°. fig., veau filets.

174. Bibliothèque orientale, par d'Herbelot. *Maestricht*, 1776, 1 vol. in-f°.

175. Traité de la cavalerie, par Melfort. *Paris*, 1776, 1 vol. grand in-fol. veau.

176. Histoire de la Russie ancienne et moderne, par Leclerc. *Paris*, 1783, 6 vol. in-4. veau m.

177. Histoire de la Russie, par Lévesque. *Paris*, an VIII, 8 vol. in-8. veau filets.

178. Histoire de la Russie, sous le règne de Catherine II, à la fin du XVIII siècle, par Tooke. *Paris*, 1801, 6 vol. in-8, veau filets.

179. Mémoires du règne deCatherine, impératrice de Russie, *Amst.* 1740, 5 vol. in-12. veau filets.

180. Œuvres complètes et posthumes de Frédéric II, roi de Prusse. *Berlin*, 1789, 19 vol. in-8. bas.

181. Histoire de Catherine II, impératrice de Russie, par Castera. *Paris,* an VIII. 3 vol. in-8. v. filets.

182. Mémoires secrets sur la Russie, par Masson. *Paris*, 1802. 3 vol. v. fil.

183. Histoire du règne de Frédéric-Guillaume II, roi de Prusse, par M. de Ségur. *Paris*, 1800. 3 vol. in-8. v. filets.

184. Histoire générale du royaume de Chypre, de Jérusalem, d'Arménie et d'Égypte, comprenant les croisades, etc., par le chevalier Jauna. *Leyde*, 1774. 2 vol. in-4. fig. v. m.

185. Histoire générale des Huns, des Turcs, des Mogols et des autres Tartares occidentaux, par de Guignes. *Paris*, 1758. 5 vol. in-4. v. marbré.

186. Journal d'un voyage dans l'Amérique septentrionale, par Charlevoix. *Paris*, 1744. 3 vol. in-4. v.

187. Histoire de l'Amérique, par Robertson. *Paris*, 1778. 2 vol. in-4. v. fil.

188. Histoire des découvertes et des conquêtes des Portugais dans le Nouveau-Monde, par Lafiteau. *Paris*, 1738. 2 vol. in-4. v. brun.

189. Recherches historiques sur les Maures, et Histoire de l'empire de Maroc, par Chénier. *Paris*, 1787. 3 vol. in-8. cartes, v. filets.

190. Histoire philosophique et politique des Européens dans les deux Indes, par Raynal. *Genève*, 1780. 10 vol. in-8. et atlas, v. fil.

191. Histoire du Paraguay, par le P. Charlevoix. *Paris*, 1756. 3 vol. in-4. v. marbré.

192. Histoire de l'île espagnole de St.-Domingue, par le P. Charlevoix. *Paris*, 1731. 2 vol. in-4. v. marbré.

193. Voyages en anglais et en français d'A. de la Motraye, en Prusse, Russie et Pologne, etc. *Paris*, 1732. 3 vol. in-fol. fig. v. fil.

194. Voyages de Corneille Le Brun, par la Moscovie, en Perse et aux Indes orientales. *Amst.* 1718. 2 vol. in-fol. avec 320 fig. rel. veau brun.

195. Description de l'Afrique, trad. du flamand de Dapper. *Amst.* 1696. 1 vol. in-fol. fig. v. marbré.

196. Ambassades mémorables des Provinces-Unies au Japon, enrichies de cartes et figures. *Amst.* 1680. 1 vol. in-fol. v. fil.

197. Collection des Mémoires particuliers relatifs à l'Histoire de France. *Paris*, 1785 et suiv. 64 vol. in-8. v. m.

198. Mémoires du maréchal de Fleuranges, pour servir à l'Histoire de François Ier, par l'abbé Lambert. *Paris*, 1753. 7 vol. in-12, v. fil.

199. Les observations de plusieurs singularités et choses mémorables, trouvées en Grèce, Asie, Judée, Égypte, Arabie, etc., par Pierre Belon du Mans. *Paris*, 1555, 1 vol. in-4. fig. v. filets.

200. Nouvel abrégé chronologique de l'Histoire de France, depuis Clovis jusqu'à Louis XIV, par le président Hénault. *Paris*, 1768. 2 vol. in-4. v. fauve, filets.

201. Histoire critique de la monarchie française, par l'abbé Dubos. *Paris*, 1734. 3 vol. in-4. b. m.

202. Histoire des Celtes, des Gaulois et des Germains, par de Pellautier et de Chinac. *Paris*, 1771. 8 vol. in-12, v. filets.

203. Histoire de France, par Veilly, Villaret et Garnier. *Paris*, 1780 et suiv. 30 vol. in-12, v. marbré.

204. Histoire du règne de Louis XIII, roi de France, par le P. Griffet, *Paris*, 1758. 3 vol. in-4. v. brun.

204 *bis*. Histoire de la rivalité de la France et de l'Angleterre, par Gaillard. *Paris*, 1771 et suiv. 11 vol. in-12. v. marbré.

205. Histoire de François Ier, roi de France, par Gaillard. *Paris*, 1769. 8 vol. in-12, v. marbré.

205 *bis*. Mémoires d'Etat, par Villeroy, secrétaire des commandemens des rois Charles IX, Henri III, Henri IV, et de Louis XIII. *Amsterdam*, 1725. 7 vol. petit in-12, veau jaspé filets.

206. Grand Dictionnaire historique, ou mélange de l'histoire sacrée et profane, par Moréri. *Paris*, 1759. 10 vol. in-fol. veau marbré.

207. Histoire des guerres civiles de France, sous François II, Charles IX, Henri III, et Henri IV, par Davila. *Amsterdam*, 1757. 3 vol. grand in-4. veau marbré.

208. Mémoires de la Ligue, depuis 1576, jusqu'en 1598, *Amsterdam*, 1758. 16 vol. grand in-4. veau marbré.

209. Histoire universelle de de Thou. *Londres*, 1734. 16 vol. in-4. veau brun.

210. Mémoires de Condé, servant de preuves à l'histoire de de Thou. *Lahaye*, 1743, 6 vol. in-4. veau marbré.

211. Œuvres dramatiques de Destouches. *Paris*, Imp. royale, 1754. 4 vol. in-4. écaille filets.

212. Œuvres complètes de Regnard. *Paris*, Didot j^{e}, 1790. 6 vol. in-8. fig. veau rac. filets.

213. Théâtre de Shakespare, trad. de l'anglais par Letourneur. *Paris*, 1776. 20 vol. in-8. veau filets.

214 Satyre ménippée de la vertu du Catholicon d'Espagne, et de la tenue des états de Paris. *Ratisbonne*, 1752. 3 vol. in-8. veau marbré.

214 *bis*. Mémoires secrets, tirés des archives des souverains de l'Europe, depuis Henri IV jusqu'à Louis XIV. *Paris*, 1767. 50 vol. in-12, reliés en 25 vol. veau filets.

215. Recueil des Etats et Déclarations des rois Henry IV, Louis XIII et Louis XVI, sur la pacification des troubles du royaume. *Paris*, 1659. 1 vol. in-8. veau filets.

216. Histoire universelle, depuis le commencement du monde jusqu'à présent, composée en anglais, et traduite en français. *Paris*, 1779 et suiv. 125 vol. in-8. cartes et fig. reliés veau marbré.

Le Lundi 6 *Juillet, quatrième Vacation*, n°s. 217 à 288.

217. Lettres historiques de Pélisson. *Paris*, 1729. 3 vol. in-12. veau fil

218. Histoire du vicomte de Turenne. *Paris*, 1735. 2 vol. in-4. grand pap. veau fauve.

219. La même Histoire. *Amsterdam*, 1749. 4 vol. in-12. veau fauve, dor. sur tranche.

220. Mémoires du comte de Tourville *Amsterdam*, 1758. 3 vol. in-12. veau marbré.

221. Lettres et mémoires de Mme. de Maintenon. *Maestricht*, 1796. 16 vol. in-12. veau filets.

221 *bis*. Vie du maréchal de Villars, par Anquetil. *Paris*, 1784. 4 vol. in-12. veau marbré.

222. Nouveau dictionnaire historique et critique, pour servir de supplément au dictionnaire de P. Bayle, par Chauffepié. *Amst.* 1756, 4 vol. in-fol. veau jaspé.

223. Histoire de Charles-Gustave, roi de Suède, par Puffendorff. *Nuremberg*, 1697, 2 vol. in-fol. veau marbré.

224. Mémoires du maréchal duc de Richelieu. *Paris*, 1793, 9 vol. in-8. veau filets.

225. Mémoires du comte de Maurepas. *Paris*, 1792, 4 vol. in-8. veau filets.

226. Louis XV et Louis XVI, par Fantin-Désodoards. *Paris*, an VI, 5 vol. in-8. veau filets.

227. Mémoires de Saint-Simon, ou l'Observateur véridique, sous les règnes de Louis XIV et Louis XV. *Paris*, 1788, 7 vol. in-8. b. écaille.

228. Mémoires et anecdotes sur la maison de Bourbon, ou Galerie de l'ancienne cour, depuis Henry IV, jusqu'à Louis XV. *Paris*, 1792, 8 vol. in-12. veau filets.

229. Mémoires historiques et militaires pour servir à l'histoire de Louis XV, par Millot. *Paris*, 1777, 6 vol in-12. veau filets.

230. Histoire du système des finances par Law. *La Haye*, 1739, 6 vol. in-12. veau filets.

231. Vie privée du maréchal de Richelieu, contenant ses intrigues et ses amours. *Paris*, 1791, 3 vol. in-8, veau jaspé.

232. L'Honneur français, ou histoire des vertus et des exploits de notre nation, par Sacy. *Paris*, 1784, 12 vol. in-12. veau marbré.

233. Hommes illustres de la marine française, avec leurs portraits, par Graincourt. *Paris*, 1780, 1 vol in-4. v. fil.

234. La France illustre, ou le Plutarque français, enrichie

de portraits, par Turpin. *Paris*, 1780, 4 vol. in-4. veau.

235. L'Année française, par P. Manuel. *Paris*, 1789, 4 vol. in-12. basane marbrée.

236. Vies des hommes illustres de la France, par Turpin. *Paris*, 1764, 26 vol. in-12. veau marbré.

237. Vies des grands capitaines des armées navales. *Paris*, 1789, 12 vol in-18. b. écaille.

238. Pièces fugitives, pour servir à l'histoire de France. *Paris*, 1759, 3 vol. in-4. veau filets.

239. Pièces intéressantes et peu connues, pour servir à l'histoire de la littérature, par Delaplace. *Bruxelles*, 1790, 12 vol. in-12. veau fauve.

240. L'Espion chinois. *Cologne*, 1776, 3 vol. in-12. veau.

241. L'Espion dans les cours des princes chrétiens. *Amst.*, 1756, 9 vol. in-12. veau marbré.

242. Recueil de A à Z. *Fontenay*, 1745, 12 vol. in-12. veau marbré.

243. Dictionnaire de la ville de Paris, par Hurtaut. *Paris*, 1779, 4 vol. in-8. basane marbrée.

244. Variations de la monarchie française, depuis Clovis jusqu'à Louis XIV, par Gautier de Sibert. *Paris*, 1765, 4 vol. in-12. veau marbré.

245. Histoire de l'inquisition française, ou de la Bastille. *Amst.* 1724, 5 vol. in-12. fig. veau filets.

246. Dictionnaire historique des mœurs, usages et coutumes des Français. *Paris*, . . . , 3 vol. in-8. veau filets.

246 *bis*. Dissertation historique sur l'origine des Bretons. *Paris*, 1739, 6 vol. in-12. veau filets.

247. Recueil de chansons historiques et critiques, sous le règne de Louis XIV. *Manuscrit.* in-4 2 vol. veau.

248. Receuil de pièces de vers et chansons historiques. depuis la régence jusqu'en 1730. *Manuscrit.* 1 vol. in-4 rel. veau marbré.

249. Glorieuses campagnes de Louis le Grand, roi de France et de Navarre, gravées par Beaulieu et Desroches. *Paris*, 2 vol. grand in-fol., contenant 380 cartes, plans, figures et portraits, veau écaille, dor. sur tr.

250. Histoire militaire de Flandres, depuis l'année 1690

jusqu'en 1794, par le maréchal de Luxembourg, dédiée au roi, par le chevalier Beaurain. *Paris*, 1756, 3 vol. in-fol. veau marbré (très-bel exemplaire).

251. Les origines de l'ancien gouvernement de France, d'Allemagne et d'Italie *La Haye*, 1757, 4 vol. in-12.

252. Les Essais historiques sur Paris, par Saint-Foix. *Paris*, 1777, 7 vol. in-12. veau marbré.

253. Histoire de la maison de Bourbon, par Désormaux. *Paris*, imp. royale, 1788, 5 vol. in-4. b. filets écaille, d. s. tranche.

254. Histoire de l'île de Corse. *Berne*, 1779, 2 vol. in-8. v. filets.

255. Histoire de la maison de Montmorency, par Désormeaux. *Paris*, 1768, 5 vol. in-12, v. jaspé.

256. Histoire de Genève, par Béranger. 1773, 6 vol. in-12, bas. marbrée.

257. Histoire de la révolution de 1789, et de l'établissement d'une constitution française, par deux amis de la liberté. *Paris*, 1790 et suivantes. 14 vol. in-8. b. éc. filets.

258. Histoire de la révolution de France et des dernières années du règne de Louis XVI, par Bertrand de Molleville. *Paris*, 1801, 5 vol. in-8. v. filets.

259. Histoire secrète de la révolution française, par Pagès. *Paris*, 1796, 5 vol. in-8. v. filets.

260. Mémorial de la révolution et de la convention, par Vasselin. *Paris*, 1797, 4 vol. in-12. v. filets.

261. Éloge funèbre de Louis XVI, par Montjoie. *Neufchâtel*, 1796, 1 vol. in-8. v. filets.

262. Procès de Louis XVI, ou Collection complète des opinions, discours et mémoires des membres de la convention nationale, sur les crimes imputés à Louis XVI. *Paris*, 1795, 9 vol. in-8. v. filets.

263. Histoire du directoire exécutif de la république française. *Paris*, 1801, 2 vol. in-8. v. filets.

264. Mémoires historiques de Stéphanie-Louise de Bourbon-Conti. *Paris*, an VI de la rép., 2 vol. in-8. v. filets.

265. Correspondance secrète de Charette, Stofflet, Pui-

saye, Cormartin, d'Autichamp, etc., etc. *Paris*, an VII de la rép. 2 vol. in-8. v. filets.

266. Histoire militaire du prince Eugène de Savoie, du duc de Marlborough et du prince de Nassau-Frise, par Dumont et Rousset. *La Haye*, 1729. 3 vol. in-fol. grand papier, reliés veau marbré.

267. Histoire de la révolution du 10 août 1792; par Le Pelletier. *Londres*, 1795, 2 vol. in-8. bas. filets.

268. Anecdotes du règne de Louis XVI. *Paris*, 1791, 6 vol. in-12. v. filets.

269. Histoire de la dernière guerre de Bohême. *Amst.*, 1756, 3 vol. in-12. b. filets.

270. Mémoires de Feuquières. *Paris*, 1750, 4 vol. in-12. v. filets.

271. Mémorables journées des Français, où sont décrites leurs grandes batailles et victoires, par Girard. *Paris*, 1647, 1 vol. in-4. fig. v. fauve.

272. Mémoires militaires sur les Grecs et les Romains, par Guichardot. *La Haye*, 1758, 2 p. en 1 vol. in-4. v.

273. Histoire de la dernière guerre entre la Grande-Bretagne, l'Amérique, la France, l'Espagne et la Hollande, depuis 1775 jusqu'en 1783. *Paris*, 1787. 1 vol. in-4. fig. veau marbré.

274. Mémoires de Frédéric-Henri, prince d'Orange, de 1620 à 1646. 1 vol. in-4. avec les fig. de B. Picart. *Amsterdam*, 1733. veau filets.

275. Campagnes des armées françaises en Italie, par Desjardins. *Paris*, an VI de la rép. 5 vol. in-8. veau filets.

276. Recueil de Lettres, pour servir d'éclaircissement à l'histoire militaire de Louis XIV. *La Haye*, 1764. 8 vol. in-12. veau fauve.

277. Campagnes de Maillebois, de Broglie, de Belle-Isle, de Noailles et de Coigny, de 1741 à 1744. *Amsterdam*, 1773. 1 vol. in-12. veau marbré.

278. Mémoires de M. de S. H...., contenant ce qui s'est passé de remarquable en France après la mort de Mazarin jusqu'à celle de Louis XIV. *Amsterdam*, 1766. 4 vol. in-12. veau marbré.

279. Divers traités de paix, conventions, armistices, etc. conclus par le gouvernement français avec les différentes cours de l'Europe, depuis 1789 jusqu'en 1812. 27 vol. in-8. demi-rel.

280. Histoire de l'Église, par Eusèbe, Évêque de Césarée, trad. par Cousin. *Paris*, 1765. 1 vol. in-4. veau filets.

281. Histoire de l'Eglise, par Socrate. *Paris*, 1675. 1 vol. in-4. veau filets.

282. Comptes du trésor public et administration des finances de la république pour les années VIII, IX et XI. 2 vol. in-4. maroquin rouge, dor. sur tranche.

283. Dictionnaire de l'Académie Française, 5e édition. *Paris*, an VII de la rép. 2 vol. in-4. basane filets.

284. Code civil des Français, édition originale. *Paris*, Imp. de la rép., 1804. 1 vol. in-4. pap. vélin. maroquin rouge, dor. sur tranche.

285. Recueil des Traités de paix et trèves, de neutralité, de confédération, d'aillance, et de commerce, faits par la France, avec tous les potentats de l'Europe, recueillis par Frédéric Léonard, depuis 1400 jusqu'en 1702. 7 vol. in-4. veau marbré.

286. Histoire militaire du règne de Louis-le-Grand, roi de France, par le marquis de Guinay. *Paris*, 1726. 7 vol. veau brun.

287. Histoire de Maurice, comte de Saxe, par le baron d'Espagne. *Paris*, 1775. 3 vol. in-4. pap. fin. mar. rouge, dor. sur tranche, armoiriés.

288. Histoire des campagnes de Maillebois en Italie, pendant les années 1745 et 1746, par le marquis de Pézay. *Paris*, Imp. royale, 1775, 3 vol. in-4. veau marbré.

Le Dimanche 12 *Juillet*, *cinquième Vacation*,
nos. 289 à 360.

289. Histoire de l'Eglise, par Sozomène. *Paris*, 1676 1 vol. in-4. veau filets.

290. Histoire de l'Église, par Théodoret. *Paris*, 1676. 1 vol. in-4. veau marbré.

291. Histoire des Guerres et Négociations qui précédèrent

le traité de Westphalie, sous Louis XIII, Richelieu et Mazarin, par le P. Bourgeant. *Paris*, 1767. 3 vol. in-4. basane, racine.

292. Abrégé des traités de paix, depuis la paix de Westphalie, par Koch. *Bâle*, 1797, 4 vol. in-8. veau filets.

293. Conquêtes de Louis XIV, dans une suite d'estampes gravées par Leclerc. 1 vol. grand in-fol. veau marbré, dor. sur tranche.

294. Acte du sénat-conservateur, du 4 ventôse an X de la république, qui reconnaît exacte la liste des candidats qui doivent composer la liste nationale. 1 vol. in-fol. cartonné.

295. Plans de combats et batailles en Allemagne, en 1755 et 1757, atlas in-fol., cartes coloriées, demi-reliure.

296. Tableaux et plans de la guerre des Autrichiens et des Russes contre les Turcs, par Chrétien Michel. *Basle* 1790, 1 vol. in-fol., rel. veau.

297. Recueil des siéges et batailles, pour servir à l'histoire des guerres de 1741, par Le Rouge, ingénieur-géographe du roi. *Paris*, 1754, 1 vol. grand in fol., demi-reliure.

298. Histoire de la guerre des Bataves et des Romains, d'après César, Tacite, etc., avec les planches d'Otto Vœnius, gravées par Tempesta, et rédigée par St.-Simon. *Amst.*, 1770, 1 vol. in-fol., fig. veau écaille.

299. Campagne de Louis XV, pour faire suite à celles de Condé, de Luxembourg et de Turenne. *Paris*, 1788, 1 vol. in-fol., fig. et cartes, veau filets.

300. Histoire militaire de Flandre, depuis 1690 jusqu'à 1694, dédiée au roi, par le chev. Bauvain. *Paris*, 1788, 3 vol. in-fol. fig., veau marbré.

301. Histoire des Juifs de Flavius Josèphe, trad. par Arnauld d'Andilly. *Paris*, 1744, 6 vol. in-12, veau marbré.

302. Histoire des Juifs et des peuples voisins, depuis la décadence d'Israël et de Juda jusqu'à la mort de Jésus-Christ, trad. par Prideaux. *Amst*, 6 vol. in-12, fig. veau.

303. Abrégé chronologique de l'Histoire Ecclésiastique, depuis l'an VI avant Jésus-Christ jusqu'en 1768. *Paris*, 1768, 3 vol. in-8, veau filets.

304. Les caprices de la fortune, ou vies de ceux qui ont été comblés de ses faveurs, et de ceux qui ont éprouvé ses revers, dans les temps anciens et modernes; par Richer. *Paris*, 1789, 4 vol. in-12, veau filets.

305. Recueil des testamens politiques du card. de Richelieu, du duc de Lorraine, de M. de Colbert et de M. de Louvois. *Amst.*, 1749, 4 vol. in-12, veau marbré.

306. La république des Hébreux. *Amst.*, 1705, 3 vol. in-8. enrichis de fig. veau filets.

307. Histoire de Pierre d'Aubusson, grand-maître de Rhodes. *Paris*, 1776, 1 vol. in-4. veau filets.

308. Histoire des Croisades pour la délivrance de la Terre-Sainte, par L. Maimbourg. *Paris*, 1686, 2 vol. in-4. veau filets.

309. Histoire des chevaliers hospitaliers de Saint-Jean-de-Jérusalem, ou de Malthe, par Vertot. *Paris*, 1772, 7 vol. in-12, veau marbré.

310. L'esprit des Croisades, ou Histoire politique et militaire des guerres des chrétiens contre les mahométans. *Paris*, 1780, 4 vol. in-12. veau marbré.

311. Dictionnaire universel, historique et critique, des mœurs, lois, usages et coutumes civiles et militaires, etc., etc. *Paris*, 1772, 4 vol. in-8. veau marbré.

312. Œuvres de Brantôme, nouvelle édition. *Paris*, Bastien, 1787, 8 vol. in-8. veau filets.

313 Essai sur l'histoire de l'espèce humaine par Walckenaer. *Paris*, 1798, 1 vol. in-8. veau filets.

314. Dictionnaire historique de Ladvocat. *Paris*, 1777, 3 vol. in-8. veau marbré.

315. Dictionnaire des portraits historiques, anecdotes et traits remarquables des hommes illustres. *Paris*, 1768, 3 vol. pet. in-8. veau marbré.

316. Œuvres de l'abbé de Saint-Réal. *Paris*, 1745, 6 vol. in-12. fig., veau marbré.

317. Derniers sentimens des plus illustres personnages condamnés à mort. *Paris*, 1775, 2 vol. in-12, veau marbré.

318. Voyage autour du monde, de Gemelli Carreri. *Paris*, 1726, 6 vol in-12. veau marbré.

319. Abrégé de l'histoire des découvertes faites par les Européens dans les différentes parties du monde, trad. de l'anglais de Barrow, par Targe. *Paris*, 1761, 12 vol. in-12. veau jaspé filets.

320. Voyage de découvertes, à l'Océan Pacifique du Nord, et autour du monde, de 1790 à 1795, par Vancover, trad. de l'anglais. *Paris*, an VIII, impr. de la républ. 3 vol. grand in-4. veau filets.

321. Voyage de La Pérouse autour du monde, rédigé par Millet-Mureau. *Paris*, 1797, imp. de la républ. 4 vol. in-4. veau filets.

322. Voyage d'Egypte et de Nubie, par Norden. *Paris*, 1795, 2 vol. in-4. fig. et cartes, veau filets.

323. Voyage en retour de l'Inde, par terre, par Howel, trad. par Mandar. *Paris*, an V, impr. de la répub. 1 vol. in-4. veau filets.

324. Voyage fait par ordre du roi, en 1768 et 1769, pour éprouver en mer les horloges marines, par de Fleurieu. *Paris*, impr. royale, 1773, 2 vol. in-4. fig., veau fauve.

325. Relation d'un voyage à la mer du Nord, en 1768, par de Kerguelen-Trémare. *Amst.*, 1772. 1 vol. in-4. veau filets.

326. Voyage au pôle boréal, fait en 1773 par Philips, trad. de l'anglais. *Paris*, 1675, 1 vol. in-4, fig. v. fauve.

327. Voyage de Shaw dans plusieurs provinces de Barbarie et du Levant, à Alger, Tunis, Syrie, Égypte et l'Arabie Pétrée, trad de l'anglais. *La Haye*, 1743, 2 vol. in-4. b. marbrée.

328. Histoire et description générale du Japon, par le P. Charlevoix. *Paris*, 1736. 2 vol. in-4. fig. veau fauve.

329. Voyage de Pallas en Russie et dans l'Asie septentrionale, trad. de l'allemand par de La Peyronnie. *Paris*, 1793. 5 vol. in-4. fig. v. dorés sur tranche.

330. Histoire des découvertes faites par divers savans voyageurs en Russie et en Perse. *Paris*, 1787. 3 vol. in-4. fig. v, éc. filets.

331. Journal d'un voyage au Nord, en 1737, par Outhier. *Paris*, 1744, 1 vol. in-4, fig. v. fil.

332. Histoire de la Laponie, sa description; l'origine, les mœurs et la manière de vivre de ses habitans. *Paris*, 1678, 1 vol. in-4. fig. v. brun.

333. Relation d'un voyage en Allemagne, par Cassini de Thury. *Paris*, Imp. royale, 1775, 1 vol. in-4. fig. v.

334. Divers voyages du P. Alexandre de Rhodes à la Chine et autres royaumes de l'Orient. *Paris*, 1666, 1 vol. in-4. v. fil.

335. Histoire universelle de la Chine, par Alvarès Samedo; avec l'Histoire de la guerre des Tartares, par le P. Martin. *Lyon*, 1667, 1 vol. in-4. fig. v. fil.

336. Recueil de voyages au Nord. *Amst.* 1738, 10 vol. in-12. v. filets.

337. Voyage de Duchatelet en Portugal, revu par Bourgoing. *Paris*, 1801, 2 vol. in-8. v. fil.

338. Tableau de l'Espagne moderne, par Bourgoing, 2e édition. *Paris*, 1797, 5 vol. in-8. fig. v. filets.

339. Voyage dans les Deux-Siciles et les Apennins, par Spallanzani. *Berne*, 1796, 3 vol. in-8. fig. v. fil.

340. Voyageurs en Suisse, par Lantier. *Paris*, 1803, 3 vol. in-4. fig. bas.

341. Recueil des voyages de la Compagnie des Indes orientales. *Amst.* 1754, 11 vol. in-12. v. m.

342. Mémoires et voyage du chevalier d'Arvieux à Constantinople, etc., par Labat. *Paris*, 1735. 6 vol. in-12. v.

343. Voyages de Chardin en Perse et autres lieux. *Amst.* 1721, 10 vol. in-12, fig. v. éc.

344. Nouvelle description de la France, par Piganiol de la Force. *Paris*, 1753, 15 vol. in-12. fig. et cartes, v.

345. Voyage en France, de 1787 à 1790, par Arthur Young, trad. de l'anglais. *Paris*, 1794, 3 vol. in-8. v.

346. Voyages en Allemagne, par Risbeck. *Paris*, 1788, 3 vol. in-8. v. fil.

347. Voyages dans les Alpes, par Saussure. *Neufchâtel*, 1796, 8 vol. in-8. fig. v. filets.

348. Histoire générale des voyages, par mer et par terre, par Prévost. *Paris*, 1746 et suiv. 20 vol. grand in-4. fig. v. marbré.

349. Relation des voyages des capitaines Cook, Byron, Carteret, Wallis, etc., trad. de l'anglais. *Paris*, 1774 et suiv. 13 vol. in-4. avec cartes et figures, veau marbré.

350. Nouvelle description des glaciers des Alpes et de Savoie, de Suisse et d'Italie, par Bourit. *Genève*, 1787, 3 vol. in-8. cartes et figures. veau, filets.

351. Voyage à Barége et dans les Hautes-Pyrénées, en 1788, par Dusaulx. *Paris*, 1796, 2 vol. in-8. veau filets.

352. Voyage en différentes parties de l'Angleterre, par Gilpin. *Paris*, 1786. 2 vol. in-8. veau filets.

353. Tableau de la Grande-Bretagne, de l'Irlande et des possessions des Anglais dans les quatre parties du monde. *Paris*, an VIII de la république. 4 vol. in-8. figur. veau.

354. Voyage de deux Français dans le Nord de l'Europe, en Allemagne, Danemarck, Suède, Russie et Pologne, de 1790 à 1792. *Paris*, 1796, 5 vol. in-8. bas.

355. Voyage en Pologne, Russie, Suède, Danemarck, etc. par W. Coxe, trad. de l'anglais par Mallet. *Genève*, 1786, 4 vol. in-8. veau mar.

356. Voyage pittoresque en Suisse et en Italie, par Cambry. *Paris*, an IX de la rép. 2 vol. in-8. papier vélin, fig. veau filets.

357. Voyage de Mayer en Suisse en 1784. *Paris*, 1786, 2 vol. in-8. veau filets.

358. Nouveau voyage en Suisse par Williams, traduit de l'anglais par Say. *Paris*, 1795, 2 vol. in-8. veau.

359. Gazette nationale, ou le Moniteur universel, commencée le 15 mai 1789, précédée d'une introduction historique, etc. 34 vol. in-fol. contenant les dix-sept premières années, rel. bas. racine, et une grande quantité de numéros en feuilles qui font suite.

Le Lundi 13 *Juillet*, *sixième vacation*, nos. 360 à 419.

360. Voyage du P. Labat, en Espagne et en Italie. *Paris*, 1730, 8 vol. in-12. veau br.

361. Délices de la Grande-Bretagne et de l'Irlande, par Bueerel. *Leyde*, 1727, 8 vol. in-12, figures, veau m.

362. Liste générale, par ordre alphabétique, des émigrés de toute la république, imprimerie de l'administration des domaines, an II de la rép. et suiv. 2 vol. in-8. veau.

363. Tableau du commerce de la Grèce, par Scrophani, en 1794 et 1795, traduit de l'italien par Blanvillain. *Paris*, 1801, 3 vol. in-8. ornés de 10 tableaux, veau, filets.

364. Voyage en Chine et à la côte nord-ouest de l'Amérique, en 1789, par Mears, traduit par Billecoq. *Paris*, an III de la république. 3 vol. in-8. veau, filets.

365. Voyage littéraire de la Grèce, par Greys. *Paris*, 1783, 4 vol. in-8. figures, veau, filets.

366. Voyage à la Troade, par Chevalier, 3e édition. *Paris*, 1802, 3 vol. in-8. veau, filets.

367. Voyage à la Terre-Sainte, par Goujon. *Lyon*, 1670. 1 vol. in-4. figures, veau, filets.

368. Voyage à la Terre Sainte, et description des miracles et souffrances de Jésus-Christ, par Dovbden. *Paris*, 1666, 1 vol. in-4. v. filets.

369. Description historique et géographique de l'Inde, par Tieffenthaler, Anquetil, Raynal et Bernouilli. *Berlin*, 1788, 3 vol. in-4., ornés de 67 cartes, fig. v. fil. dorés.

370. Voyage du Bengale à Saint-Pétersbourg, par Forster, trad. par Langlès. *Paris*, 1802, 4 vol. in-4. atlas, pap. vélin, v. éc. d. s. tranche.

371. Description de l'Indoustan par Rennell, trad. par Boucheseiche. *Paris*, 1800, 3 vol. in-8., atlas, v. fil.

372. Voyage autour du monde, par Bougainville, de 1666 à 1669. *Paris*, 1772, 3 vol. in-8. fig. v. filets.

373. Voyage chez les peuples sauvages, par Bobié. *Paris*, 1801, 3 vol. in-8. pap. vélin, mar. rouge, d. s. tranche.

374. Voyage dans l'Inde et au Bengale en 1790, par Grandpré. *Paris*, 1801, in-8. fig. v. filets.

375. Voyage au Bengale, par Charpentier-Cossigny. *Paris*, an VII de la rép. 2 vol. in-8. v. d. s. tranche.

376. Voyages et mémoires du comte de Beniowsky, en Hongrie. *Paris*, 1791, 2 vol. in-8. bas. marbrée.

377. Relation de l'ambassade anglaise au royaume d'Ava, par Symes, trad. par Castéra. *Paris*, 1800, 3 v. in-8. v.

378. Ambassade au Thibet et au Boutan, par Turner, trad. par Castéra. *Paris*, 1800, 2 vol. in-8. v. filets.

379. Voyage de Macartney, en Chine et en Tartarie, de 1792 à 1794, trad. par Castera. Paris, an VII, 2e. édition. 5 vol. in-8. fig. veau filets.

380. Voyage de Tumberg au Japon, traduit par Larek. *Paris*, 1796, 4 vol. in-8. veau filets.

381. Voyage dans les mers de l'Inde, fait par ordre du roi, par Legentil. *Paris*, imp. royale, 1781, 2 vol. in-4. fig. dem-reliure.

382. Voyage aux Indes Orientales et à la Chine, de 1774 à 1781, par Sonnerat. *Paris*, 1782, 3 vol. in-8. fig. veau.

383. Voyage dans la haute et basse Égypte, par Jomini. *Paris*, an VII, 3 vol. in-8. veau filets.

384. Voyage à Batavia, par Stavorinus, trad. du hollandais par Jensen. *Paris*, 1798. 3 vol. in-8. veau filets.

385. Découvertes des Français dans la Nouvelle-Guinée, par M. ***. *Paris*, imp. R., 1790, 1 vol. in-4. fig. v.

386. Voyage aux Moluques et à la Nouvelle-Guinée, par Forest. *Paris*, 1780, 1 vol. in-4. fig. veau marbré.

387. Histoire critique des dogmes et cultes, bons et mauvais, depuis Adam jusqu'à Jésus-Christ, par Jurieu. *Amst.*, 1704, 1 vol. in-4. fig. veau filets.

388. Description des pyramides de Ghizé, de la ville du Kaire et de ses environs, par Grobert. *Paris*, an IX, 1 vol. in-4. fig. veau filets.

389. Voyage en Arabie, par Neibuhr, trad. de l'allemand. *Amst.* 1776. Et le recueil de Questions, par Michaelis. *Amst.* 1774. 3 vol. in-4. veau éc. filets.

390. Voyage de Pockocke en Orient, trad. de l'anglais. *Paris*, 1773, 7 vol. in-12. br.

391. Environ 40 volumes ou cahiers de musique, de très-bons auteurs modernes, reliés, cartonnés ou brochés, in-4., qui seront vendus en divers lots.

392. Description de l'Égypte. *Paris*, 1809, 4 vol. in-folio cartonnés.

393. Histoire de Polybe. *Paris*, 1727, 6 vol. in-4. veau, dor. sur tranche.

394. Fastes du peuple français, par Saint-Sauveur. *Paris*, 1796, 1 vol. in-4. veau filets.

395. Zend-Avesta, ouvrage de Zoroastre, trad. par Anquetil. *Paris*, 1771, 2 vol. in-4. veau.

396. Mémoires historiques du règne de Louis XVI, par Soulavie. *Paris*, 1801, 6 vol. in-8. veau filets.

397. Histoire de la république, par Fantin-Déosdoards. *Paris*, an VI, 2 vol. in-8. rel. veau filets.

398. La Bastille dévoilée, etc. *Paris*, 1789, 3 vol. in-8. veau filets.

399. Massacre de la Saint-Barthélemy, par Brizard. *Paris*, 1790, 1 vol. in-8. rel. veau filets.

400. Dix-huit fructidor, ses causes et ses effets. *Hambourg*, 1799, 1 vol. in-8. veau filets.

401. Histoire de la conjuration de L.-Ph.-J. d'Orléans. *Paris*, 1796, 3 vol. in-8. veau filets.

402 Mémoires du marquis de Bouillé sur la révolution française. *Paris*, an VII, 2 vol in-8. veau filets.

403. Mémoires sur la Bastille. par Linguet. *Londres*, 1783, 1 vol. in-8. veau filets.

404. Mémoires secrets, par Bertrand de Molleville. *Londres*, 1797, 3 vol. in-8. veau filets.

405. Abrégé de l'histoire générale des voyages, par Laharpe. *Paris*, 1780, 32 vol. in-8. rel. veau.

406. Progrès de la puissance russe, depuis son origine jusqu'au 19e siècle. *Paris*, 1812, 1 vol. in-8. mar. rouge.

407. L' Italia avanti il dominio dei Romani. *Firenze*, 1810, 4 vol. in-8. veau filets.

408. Homélies et lettres choisies de saint Jean-Chrysostome, trad. par l'abbé Auger. *Paris*, 1785, 4 vol. in-8. veau.

409. Quintilien, De l'Instruction de l'orateur, trad. par Gedoyn. *Paris*, 1752, 4 vol in-12. veau filets.

410. Relation d'un voyage au Levant, par Pitton Tournefort. *Lyon*, 1727, 3 vol. in-8. veau filets.

411. La Sainte Bible, contenant l'Ancien et le Nouveau Testament, trad. par de Sacy. *Paris*, 1789, 12 vol. grand in-8. ornés de 300 fig., pap. vél, rel. veau fauve, dorés sur tr. armoiries de Napoléon (très-bel exemplaire).

412. Voyage dans l'empire Ottoman, l'Égypte et la Perse, par Olivier. *Paris*, an IX, 2 vol. in-8. veau filets.

413. Lettres édifiantes et curieuses, écrites des missions étrangères. *Paris*, 1780, 26 vol. in-12. veau filets.

414. Correspondance littéraire, etc., par le baron Grimm et Diderot. *Paris*, 1812, 5 vol. in-8. br.

415. Description topographique et politique de la partie espagnole de Saint-Domingue, par Moreau de Saint-Méry. *Philadelphie*, 1796, 2 vol. in-4. br.

416. Relation du voyage à l'île de Ceylan, par Robert Knox. *Lyon*, 1693, 2 vol. in-8. veau filets.

417. Voyages historiques en Europe. *Amst.* 1718, 8 vol. in-12. veau filets.

418. Histoire de Marie Stuart. *Londres*, 1742, 2 vol. in-12. veau filets.

419. OEuvres complètes de Voltaire, de l'imprimerie de la Société typographique de *Kehl*, 1785. 72 vol. in-8. y compris 2 vol. de tables générales, grand in-8. papier vélin, reliés en maroquin rouge, doublés de soie verte, filets à compartimens, dorés sur tranche; très-bel exemplaire.

FIN.

VENTE DES ORANGERS, AU NOMBRE DE VINGT-QUATRE.

La Vacation du Lundi 29 Juin, commencera par la Vente définitive des Orangers, par lots de 2 et 3, au choix des Amateurs.

On pourra traiter à l'amiable, pour le tout ou partie, avant la Vente.

Ensuite, on continuera la Vente des Livres.

www.ingramcontent.com/pod-product-compliance
Ingram Content Group UK Ltd.
Pitfield, Milton Keynes, MK11 3LW, UK
UKHW022155170726
13837UKWH00004B/1999